HERVÉ MAGNIN

Das kleine Übungsheft

Lebensträume verwirklichen

Aus dem Französischen von
Claudia Seele-Nyima

Illustrationen von Jean Augagneur

TRINITY

Hervé Magnin ist Verhaltenstherapeut, Berater und Coach mit den Spezialgebieten Business-Kommunikation, Management, persönliche Entwicklung und Krisenmanagement. Er ist Autor zahlreicher Bücher, u.a. zu den Themen Selbstliebe und Angstbewältigung.

Die Originalausgabe ist erstmals 2012 bei
Éditions Jouvence erschienen.
Titel der französischen Originalausgabe:
Petit cahier d'exercices pour oser réaliser ses rêves
© Éditions Jouvence, S.A.,
Chemin du Guillon 20, Case 184, CH-1233 Genève-Bernex.
www.editions-jouvence.com,
info@editions-jouvence.com

3. Auflage 2015

© der deutschen Ausgabe: 2013 Trinity Verlag
in der Scorpio Verlag GmbH & Co. KG, München
Umschlaggestaltung: Guter Punkt, München
Satz: Veronika Preisler, München
Druck und Bindung: Pustet, Regensburg
ISBN 978-3-941837-93-5

www.die-kleinen-uebungshefte.de

Sind wir Träumer?

Fühlen Sie sich von dieser Frage angesprochen? Bin ich ein Träumer? Ich für meinen Teil träume oft. Wenn es heißt, jemand ist verträumt, schwingt darin jedoch unausgesprochen mit, der- oder diejenige stehe nicht mit beiden Beinen auf dem Boden, sei realitätsfern. Oft werden Traum und Wirklichkeit als zwei Pole, zwei entgegengesetzte Vorstellungen dargestellt. Dieser vereinfachten Sicht widerspreche ich entschieden! Wenn ich mich für ein Lager entscheiden müsste, dann würde ich das der Vereinigung beider Aspekte wählen.

Sich Dinge ausdenken, etwas ersinnen, das noch nicht existiert – möglicherweise wird man deswegen belächelt. Träumer müssen Spott hinnehmen. Nur wer den formellen Beweis erbringt, dass seine Utopie realistisch ist, wird bewundert – und auch das nicht immer … Träumen heißt, Wegbereiter sein für Dinge, die noch nicht Wirklichkeit geworden sind.

Träumen – Wer kann sich einen Reim darauf machen?

»Wer ihn hat, den großen Traum vom - liegen,
Und Unbekanntes will, der kann den Spott - - siegen.
Was die Welt nicht kennt, das muss man neu - - finden,
Das Unsichtbare sehen, Blindheit - - - - winden.«♫

Unsere Träume sind nicht nur dazu da, uns die Nächte zu versüßen, sie sollen auch unsere Tage inspirieren. Die Nacht weist uns den Weg, der Tag bestimmt, wie wir ihn gehen.

»Der beste Weg, seine Träume zu verwirklichen, ist aufzuwachen.«
Paul Valéry

Unsere größten Träume sind einzigartig und sehr persönlich. Wenn wir nicht achtgeben, können uns die Träume von anderen beeinflussen. Werbung, Starkult (und andere Formen der Massenmanipulation) erobern zunehmend unsere Vorstellungswelt.

♫ Die Chanson-Texte des Autors, die in diesem »kleinen Übungsheft« zitiert werden, und die Rätselauflösungen finden Sie am Ende des Heftes (ab S. 62).

»Wenn ich den Glauben an meine --äume verliere
Oder die Träume anderer ---ume,
Wenn ich, seltener, die Faust ----be,
Dass ich nicht mehr zu euch --ehöre ...«♫

Yannick Noah, »La Voix des Sages«
(»Die Stimme der Weisen«)

Der Song »La Voix des Sages« lädt uns ein, auf die Stimme des Weisen zu hören, der in jedem von uns schlummert. Kennen Sie Ihre größten Träume?

Wagen wir einen ersten Sprung ins kalte Wasser!

Meine Träume:

....

....

....

....

....

....

....

....

Möglicherweise fällt es Ihnen schwer, Ihre Träume zu erkennen. Manchen gelingt es erst, wenn man ihnen etwas auf die Sprünge hilft. Dieses »kleine Übungsheft« unterstützt Sie dabei, Ihre Träume zu entdecken, falls einige von ihnen irgendwo tief in Ihrem Unterbewusstsein vergraben sind.

Unsere Träume werden sehr frühzeitig vom gefürchteten »Realitätsprinzip« geprüft. Wenn wir uns bewusst machen, wie subjektiv dieses Prinzip ist, ist das ein wichtiger Schritt, um die starke Energie freizusetzen, die unsere verdrängten Träume enthalten.

Schon sehr früh empfängt ein Kind zahlreiche Botschaften, die alle den Anspruch haben, zu definieren, was möglich ist und was nicht.

Es ist normal (strukturierend), dass das erzieherische Umfeld einem Kind einen Rahmen absteckt, ihm Grenzen setzt. Die Sicherheit des Kindes hängt davon ab. Wir sollten jedoch auch sehen, dass Erwachsene, die Kindern solche Orientierungspunkte vorgeben, sich nicht immer die Zeit genommen oder die Mühe gemacht haben, dabei die Spreu vom Weizen zu trennen.
Mit der Zeit setzen sich bestimmte Vorstellungen über das, was möglich und angemessen ist, in unserem Kopf fest. Manchmal ist es das Leben selbst (eine Begegnung, eine Reise ...), das diese irreführenden Selbstverständlichkeiten infrage stellt. Auch im Rahmen einer Therapie können solche Konditionierungen aufgelöst werden.

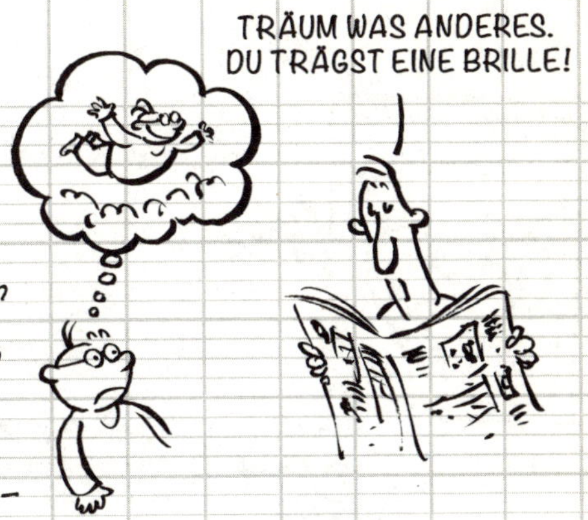

So schränken frühe erzieherische Anweisungen (meistens der Eltern) den potenziellen Handlungsspielraum ein. Auch konkrete Erlebnisse, die wagemutig, aber letztlich abschreckend waren, verstärken oft frühzeitige hemmende Einstellungen. Derartige entmutigende Versuche verriegeln die Tür zu unserer Vorstellungskraft. Unter dem normativen Druck kommt es schließlich zu einer Überangepasstheit. Sie kann uns dazu bringen, die Träume anderer zu leben und nicht unsere eigenen. Die eigenen Träume zu kennen, sie zu akzeptieren und an ihnen festzuhalten – mir fällt kaum etwas ein, das lebendiger macht! Ein Leben im Einklang mit unseren Träumen verleiht uns gewaltige Kraft und Energie. Wenn Ihr Leben kaum noch einen Sinn für Sie hat, sind Sie von dieser belebenden Quelle abgekoppelt.

Möglicherweise plagen Sie sich damit ab, den Traum eines anderen zu verwirklichen. Lesen Sie die Liste Ihrer Träume auf Seite 5 noch einmal, und versuchen Sie zu prüfen, ob es wirklich Ihre eigenen sind.

Die eigenen Träume zu erkennen läuft darauf hinaus, dass man in Kauf nimmt, herrlich anders zu sein.

Es gibt kein hässliches kleines Entlein. Ein Schwan ist weder hässlich noch ist er eine Ente. Er findet sich in seinen Augen schön, wenn er sich mit seinem wahren, durch und durch einzigartigen Wesen verbindet. Hinter seinen ureigenen Träumen liegt eine Goldmine: seine Wertvorstellungen. Und hinter diesen Wertvorstellungen wiederum stehen Ideale, die Sinn stiften.

Erkennen Sie Ihre moralischen Wertvorstellungen und machen Sie sich mit ihnen vertraut!

Nur zu, beobachten Sie, was Sie fühlen, und schätzen Sie auf einer von Ihnen gewählten Skala die Intensität der Gefühle ein, die stark in Ihnen nachhallen.

Träume stehen in engem Zusammenhang mit Werten. Prüfen Sie daher, ob die Werte, die Ihnen in den Sinn kommen, tatsächlich Ihre eigenen sind und Ihnen nicht von Ihren Eltern, durch Ihre Erziehung, Ihr berufliches Umfeld usw. eingeimpft wurden.

Meine Werte, Ideale	Stärke der Resonanz	Sind es meine?
Sicherheit, in »guten« Verhältnissen leben	6/10	nein
Gerechtigkeit	9/10	ja

Stellen Sie das durcheinandergewürfelte Zitat von Daniel Pennac wieder her, indem Sie die Begriffe und Zeichen in die richtige Reihenfolge bringen:

WENN  **! WIRKLICH**

WACHEN 

TRÄUMEN WOLLEN, AUF

Falls du nur Bahnhof verstehst – oh, ich bitte um Verzeihung wegen dieser Vertraulichkeit! – wenn SIE sich bei diesem Rätsel zunächst erfolglos abmühen, dann verrate ich Ihnen schon mal: Der Finger weist auf SIE und dieses kleine Heft soll SIE daran erinnern, dass es bei Ihnen liegt, ob SIE sich selbst gehören.

Sind Sie bereit, IHRE Goldmine zu erforschen?

*Wir alle **schlummern achtlos** auf einer Goldmine.*
Suchen wir nicht woanders, nur in uns!
Nichts liegt offen zutage – graben ist angesagt: Schatzsuche.
__Abenteurer__ auf Entdeckungsreise zu uns selbst, bezwingen wir unsere Angst!
*Meine **Vorstellung** an die der anderen angleichen:*
*So früh **resignieren** – was soll man dazu sagen?*
*Unterdrückt unsere Träume nicht und **befreit** eure eigenen!*
*Ob groß oder klein, bewahren wir unsere **Kindheitsträume**!*
Ob groß oder klein, bewahren wir unsere Kindheitsträume!♫

Lösen Sie das folgende Rätsel, indem Sie die **blau markierten Begriffe** aus dem oben zitierten Chanson-Text »Rêves de gosse« (»Kindheitsträume«) erraten und in die entsprechenden Zeilen auf der nächsten Seite eintragen (Auflösung auf S. 63):

1. Heute ein Traum, morgen Wirklichkeit
2. Alte, tiefe Energie, erneuerbar
3. Kühn genug, um unsere Träume zu leben, sind wir …
4. Nicht aufmerksam
5. Dem Traum Raum geben – gibt dem Leben seinen wahren Sinn und der Welt all ihre Farben zurück.
6. Ist für das Verzichten das, was Zugeständnisse machen für den Kompromiss ist.
7. Lasst den Atem frei!

1

2

3

4

5

6

7

Wenn Sie die Buchstaben in den blau markierten Feldern aneinanderreihen, ergibt sich eine wichtige Voraussetzung für das Verwirklichen von Träumen:

Nichts liegt offen zutage, graben ist angesagt: Schatzsuche

Eine weitere Methode zum Ermitteln Ihrer Traumenergie besteht darin, herauszufinden, wer Ihre (realen oder fiktiven) Helden sind. Alles, was Sie bewundern, ist eine Quelle der Inspiration. Und was – oder wer – Sie zum Träumen bringt, kann Ihnen auch den Weg zu Ihrer Selbstverwirklichung weisen.

Die Film- und Romanfigur Zorro, »der Rächer der Armen«, tritt beispielsweise für Werte wie Mut, Gerechtigkeit und Bescheidenheit ein und hat meine Kindheit geprägt.

Muss ich deswegen lernen, geschickt mit dem Schwert umzugehen? – Nicht unbedingt. Jeder Kindheitstraum muss neu entworfen und der Gegenwart angepasst werden.

Wer sind Ihre Helden und wozu inspirieren sie Sie?

Held	Werte	»Aktualisierbare« Träume
Aung San Suu Kyi	Einsatz für Demokratie und Menschenrechte	Einer Amnesty-International-Gruppe beitreten und etwas gegen Folter tun
Pierre Rabhi	Ökologie, soziale Gerechtigkeit	Einen örtlichen Bauern unterstützen, in dem ich ihm seine Bio-Produkte abhkaufe

Allmählich kommen wir der Sache näher. Mehrere Wege führen zu uns selbst ...

Ein Weg berührt mich ganz besonders. 2006 habe ich ihn beschritten. Es ging damals um die Antwort auf eine Frage, die man sich in jungen Jahren nur selten stellt: Wer werde ich mit 50 sein? Um das Ganze zu erweitern, aus Spaß und weil ich gern provoziere, bin ich sogar noch weiter gegangen: Wer werde ich mit 100 sein? Bei meinem Zukunftsentwurf kam es mir auf ein halbes Jahrhundert nicht an. So machte ich mich daran, eine fiktive Autobiografie meiner Zukunft zu schreiben, die am 6. Juni 2063 beginnt.

Keine Angst vor dem Blick in die Zukunft!

Beim Beantworten der Frage »Was für ein netter alter Mensch möchte ich sein?«, stellt sich sofort die neue, konkretere: »Was muss ich heute tun, um mich dem anzunähern, was ich morgen, übermorgen, mit 100 Jahren … sein möchte?«

Vergangenheit und Zukunft können Verbündete sein, um die Gegenwart zu bilden. Welcher wunderbare Mensch möchten Sie werden? Stellen Sie sich vor, wie Sie in zehn, fünfzig … Jahren sind.

In 10 Jahren ....

....

....

In 50 Jahren ....

....

....

Was müssen Sie jetzt, morgen, in zehn Jahren tun, um dieser nette, großherzige Mensch zu werden?

Jetzt ....

....

....

In 10 Jahren ....

....

....

Die Liste der in diesem »kleinen Übungsheft« aufgeführten Mittel und Wege, die uns dabei helfen können, unsere Träume zu erkennen, erhebt keinen Anspruch auf Vollständigkeit. Ich füge noch eine weitere Methode hinzu:

Träume sind häufig in unseren Träumen enthalten!

Ausnahmsweise möchte ich hier an die klassische Auslegung des nächtlichen Traums erinnern. Es ist nicht leicht, den Sinn nächtlicher Botschaften zu interpretieren und für den Tag einen Nutzen daraus zu ziehen. Vielleicht ist es aber für Sie ein geeigneter Weg ...

Ich hoffe, Sie haben inzwischen damit begonnen, konsequent eine Liste Ihrer Träume zu führen – der kleinen, mittleren und großen.

Das, was Sie blockiert und daran hindert, Ihre Träume zu erkennen und sich an ihrer Verwirklichung zu versuchen, sind Ihre Ängste. Indem Sie sich Ihre Träume bewusst machen und sie mit Ihren grundlegenden Werten in Verbindung bringen, ihnen also Sinn verleihen, geben Sie der Energie mehr Gewicht.

Sich der eigenen Ängste bewusst zu sein ist genauso wichtig, wie seine Wünsche und Sehnsüchte zu kennen. Unbewusste Ängste sabotieren unterschwellig jedes motivierende Projekt, ohne dass Sie wirklich die Ursache erkennen, die den Widerständen gegen die erhoffte Veränderung zugrunde liegt. Selbst die stärkste Entschlusskraft hält nicht stand, wenn eine nichtidentifizierte Angst mit ihrem vollen Gewicht auf der Waage lastet. Um Ihre Träume zu verwirklichen, ist es daher unabdingbar, die Ängste zu erforschen, die Sie schon so lange von dieser Verwirklichung abgehalten haben.

Energie, Elan, Begeisterung ergeben sich aus einer Balance, in der das Gewicht der Angst deutlich geringer ist als das der Träume.
Um das Gewicht der Ängste zu verringern und die Traumenergie freizusetzen, sollten Sie Ihre Ängste zunächst benennen. Anschließend geht es darum, die Gegebenheiten vernünftig abzuwägen, einzuschätzen, welche echten Risiken bestehen und ob man es darauf ankommen lassen will oder nicht.

Nehmen Sie einen Traum, der Ihnen am Herzen liegt, und finden Sie heraus, was Sie beunruhigt und was Sie bei der Vorstellung ängstigt, diesen Traum zu verwirklichen – oder bei der Umsetzung des Traumes zu scheitern.

....

....

....

Unsere Ängste

Unsere Ängste sind sehr viel spezieller und persönlicher, als wir meinen. Keine Frage, es gibt allgemeine Ängste, in denen man sich wiedererkennt: Angst zu scheitern, enttäuscht zu werden, es nicht zu schaffen, sich lächerlich zu machen, auf Unverständnis zu stoßen, abgelehnt zu werden. Diese Ängste wurzeln in tiefen sozialen Bedürfnissen nach Gruppenzugehörigkeit und Anerkennung. Es geht nun nicht darum, auf die Befriedigung dieser Bedürfnisse zu verzichten; vielmehr sollten wir uns fragen, ob sie auch anders erfüllt werden können, auf eine Art, die eher im Einklang mit dem Respekt unserer selbst und folglich mit unseren tiefsten Bestrebungen und Wünschen ist.

Ängste tauchen uns in ein Bad des Irrationalen. Nehmen Sie sich Zeit, so vernünftig wie möglich die wahrscheinlichen Konsequenzen dessen abzuwägen, was Ihnen Angst macht. Angst hemmt kritisches Denken. Lernen Sie, dieses kritische Denken einzusetzen, und Sie werden sehen, wie Ihre Ängste in sich zusammenfallen.

Es geht nicht darum, die Gefahr zu leugnen, sondern Angst durch Vorsicht zu ersetzen.

Traum	Angst, …	Irrationale Konsequenzen	Vernünftige Erwägungen
Konditor werden	- … die Sicherheit meiner derzeitigen Festanstellung zu verlieren (in der ich mich langweile). - … dass mein Vater sich über mich lustig macht.	- Ich bleibe jahrelang arbeitslos. - Ich muss auf der Straße leben. - Ich mache mich zum Gespött der Familie, des Viertels.	- Ich kann mein Vorhaben schrittweise angehen, zum Beispiel Teilzeit arbeiten, um mich auf die Veränderung vorzubereiten. - Möglicherweise werden nicht alle meine Entscheidung verstehen. Bin ich in der Lage, ohne die Zustimmung mancher Angehöriger zu leben?

Abenteurer auf Entdeckungsreise
zu uns selbst,
bezwingen wir unsere Angst!

Und jetzt sind Sie dran!

Traum	Angst, …	Irrationale Konsequenzen	Vernünftige Erwägungen
–	– – –	– – –	– – –
–	– – –	– – –	– – –
–	– – –	– – –	– – –
–	– – –	– – –	– – –
–	– – –	– – –	– – –

Einige Ängste, die mit unseren innersten Wünschen einhergehen, stehen in Zusammenhang mit dem Bild, das wir uns von uns selbst machen. Selbstachtung ist dabei ein wesentlicher Aspekt, denn sie bestimmt einerseits den Grad unseres Vertrauens in die Fähigkeit, erfolgreich zu sein, aber auch – und das ist sehr wichtig – in die Fähigkeit, zu scheitern (das heißt, wie weit wir in der Lage sind, uns von einer Niederlage zu erholen und es noch einmal zu versuchen).

Ordnen Sie jedes Zitat seinem Urheber zu …

1. »Der größte Ruhm im Leben liegt nicht darin, nie zu fallen, sondern jedes Mal wieder aufzustehen.«

2. »Was mich nicht umbringt, macht mich stärker.«

3. »Nicht weil es unerreichbar ist, wagen wir es nicht, sondern weil wir es nicht wagen, ist es unerreichbar.«

4. »Wer nicht wagt, der nicht gewinnt.«

5. »Sie wussten nicht, dass es unmöglich war, also taten sie es.«

6. »Die Großen erscheinen uns nur groß, weil wir auf den Knien liegen.«

A. Deutsches Sprichwort

B. Seneca

C. Mark Twain

D. Motto der Zeitschrift ›Les Révolutions de Paris‹ 1789–94

E. Friedrich Nietzsche

F. Nelson Mandela

… und suchen Sie sich den Ausspruch aus, der Sie am meisten inspiriert!

Seneca fügt hinzu: »Ein Baum ist nur dann fest und widerstandsfähig, wenn er oft vom Wind zerzaust wird; denn dann wurzelt er immer tiefer und steht immer unerschütterlicher da.«

Keine Angst vor dem Scheitern! Auf Anhieb alles schaffen zu wollen ist eine Falle, die es durch die Strategie der Beharrlichkeit zu ersetzen gilt.

Der Logik folgend, die allen Projekten zugrunde liegt, stellt ein guter Stratege die Mittel den Zielen gegenüber. Die wichtigsten Hilfsquellen Ihrer Träume sind …

Hilfsquelle/Ressource	√
… Geld	
… der Staat	
… ein Förderer; jemand, der mir hilft, etwas aus mir zu machen	
… die Familie	
… der Markt	
… Gott	
… Glück	
Sonstiges:	
… Sie selbst	

Ich hoffe, Sie haben »Sie selbst« angekreuzt. Auf sich selbst zählen heißt nämlich nicht, dass man nicht nach Allianzen Ausschau halten und sich nicht helfen lassen dürfte. Wenn Sie aber auf sich selbst vertrauen wollen, müssen Sie das Gefühl haben, dass Sie verlässlich sind, müssen Sie Selbstvertrauen haben, an sich glauben.

Wenden wir uns nun den menschlichen Fähigkeiten zu, die für das Verwirklichen Ihrer Träume am wichtigsten sind.

Jedes Projekt – und das gilt ganz besonders für ein Lebensprojekt – erfordert einerseits Ressourcen und andererseits das Wissen, dass man über diese Ressourcen verfügt. Dieses Bewusstsein fördert das Vertrauen, das man in sich selbst hat. Um einen Traum zu verwirklichen, müssen Sie über bestimmte Eigenschaften, Fähigkeiten, Pluspunkte verfügen. Welche haben Sie? Schreiben Sie sie für jeden Ihrer Träume auf!

Traum	Zur Verwirklichung erforderliche Eigenschaften	Inwieweit verfüge ich über die jeweilige Fähigkeit? (auf einer Punkteskala von 1 bis 10)	Genügt das? Muss ich mich noch mehr schulen, um mir die Fähigkeiten anzueignen oder sie zu vervollkommnen?
–	– – –		– – –
–	– – –		– – –
–	– – –		– – –
–	– –		– –

> »Nicht das, was wir sind, hindert uns an der Verwirklichung unserer Träume, sondern das, was wir meinen, nicht zu sein.«
>
> Paul-Émile Victor

Bestimmt kennen Sie den Unterschied zwischen einem wahren, großen Traum und einer bloßen Laune. Lassen Sie sich also nicht entmutigen, wenn bestimmte Fähigkeiten bei Ihnen noch nicht ausreichend entwickelt sind. Einer der ersten Schritte besteht darin, sich diese anzueignen. Wenn Ihr Traum tief in Ihnen verankert ist, werden Ihnen dieses Lernen, diese Vorbereitung Spaß machen. Und Sie werden entdecken, dass bestimmte Träume schon im Lauf der Vorbereitung wahr werden.

Das Glück liegt auf dem Weg,
nicht unbedingt am Ende des Wegs.

Indem ich einen bedeutenden Teil meines Lebens darauf verwende, eine gerechte, friedliche Welt zu schaffen, verwirkliche ich meinen innersten Traum, hier und jetzt. Ich weiß, dass ich diese Welt, nach der ich strebe, zu meinen Lebzeiten nicht mehr sehen werde. Aber davon lasse ich mich nicht entmutigen.

»Wenn die Menschen in Liebe leben,
Kann kein Unglück mehr bestehen,
Eine neue, schöne Welt wird es dann geben,
Wir aber, Bruder, werden sie nicht mehr sehen.«

(»Quand les hommes vivront d'amour«)
Raymond Lévesque, 1956

Wie sieht es also mit Utopien aus? Zu Beginn des 20. Jahrhunderts konnte in einem Land der Rassentrennung wie den USA die Gleichberechtigung aller Menschen durchaus utopisch anmuten. Und doch war sie für Martin Luther King keine vage Fantasievorstellung, sondern ein realistischer Traum. Viele Utopisten nehmen die Realität in ihrer Vorstellung vorweg, bevor sie sie erschaffen.

Thomas Morus kreierte den Begriff »Utopie« im 15. Jahrhundert. Pessimisten leiten das Wort Utopie vom griechischen **ou-topos**, »Nicht-Ort« oder »kein Ort«, ab. Optimisten gehen lieber davon aus, dass das griechische Präfix nicht das negierende **ou-** ist, sondern **eu-**, was »gut« bedeutet.

Wie könnte man die Vorstellung vom Traum und die vom Glück nicht miteinander in Verbindung bringen?

Es gibt kein Glück, wenn keine Übereinstimmung mit den persönlichen Werten besteht, wenn man sich nicht an dem orientiert, was für einen selbst zutiefst sinnvoll und von Bedeutung ist.

»Wie kann man Unterdrückung beenden,
Diskriminierung diskriminieren?
Manche unterwerfen sich, andere haben sich erhoben.
Einer von ihnen hat gesagt: ›Ich habe geträumt.
Ich habe einen Traum, einen berechtigten Wunsch
Den ich allen verkünde: I have a dream!‹« ♫

Der Test vor dem Spiegel ist entweder schonungslos und grausam oder definitiv bereichernd.

Kann ich zu einer solchen Übereinstimmung mit meinen Werten gelangen?

Lassen Sie uns
ein wenig spielen!

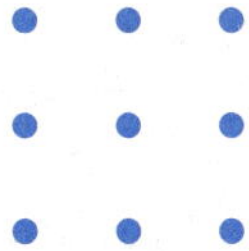

Setzen Sie den Stift an einer beliebigen Stelle auf dem Papier an und verbinden Sie die 9 Punkte, indem Sie, ohne den Stift vom Blatt abzuheben, nicht mehr als 4 Linien ziehen. **Geht das?**

Spielen wir noch einmal!
Logik und Geduld sind Eigenschaften, die für das Verwirklichen eines Traumes nützlich sind. Das Sudoku-Buchstabenrätsel beruht auf denselben Prinzipien wie ein Zahlen-Sudoku: Ausgehend von den bereits gegebenen Buchstaben, muss das Raster so ausgefüllt werden, dass

- jede **Zeile**,
- jede **Spalte**,
- jedes **Quadrat bestehend aus 3 x 3 Feldern**

ein einziges Mal die 9 Buchstaben des Spiels enthält.

			A				O	E
	A			I	O			
I	O			Y	C	U	A	
N		A					C	
E	C						N	Y
	I					E		S
	Y	U	N	O			I	A
			I	C			S	
C	N				A			

Ich lasse Sie selbst herausfinden, welches Geheimnis sich im mittleren Feld verbirgt. Einen Hinweis will ich Ihnen aber doch noch geben: In der mittleren Zeile erhalten Sie ein französisches Wort, das jeder kennt – es klingt so ähnlich wie das englische Wort, das eigentlich hier stehen müsste ... (Auflösung auf S. 63)

*»Dem ›American Dream‹ Farbe geben,
Dafür sorgen, dass jeder jemand ist;
Das Weiße Haus umtaufen
in ›Alle-Hautfarben-Haus‹. Das wollen wir ändern!
Geht das? Ich höre manche schon lachen!
Die Antwort eines Schwarzen: »Yes we can.«♫*

Vielleicht ist es Ihnen gelungen, das klassische Knobelspiel der 9 Punkte auf Seite 25 zu lösen. Falls nicht, haben Sie sich in einen Rahmen zwängen lassen, der nicht von der Spielaufgabe vorgegeben wurde, sondern nur von Ihrem eigenen Kopf. Möglicherweise haben Sie sich selbst eine unnötige Einschränkung auferlegt, die das Lösen der Aufgabe erschwert und vielleicht unmöglich macht.

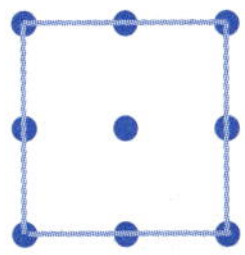

Bei dieser Übung hindern viele sich selbst daran, über den abstrakten virtuellen Rahmen des Vierecks, das die 9 Punkte umgibt, hinauszugehen. Wenn es auch bei Ihnen der Fall ist, versuchen Sie es noch einmal – befreien Sie sich aber diesmal von diesem unnötigen Hindernis.

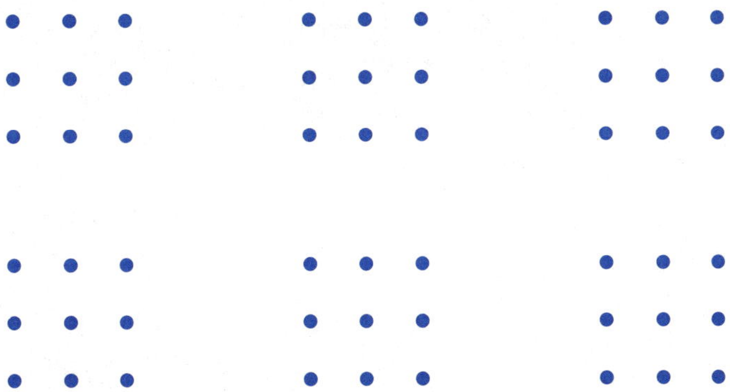

Es war einmal eine Gruppe Frösche, die veranstaltete einen Wettkampf. Ziel war, die Spitze eines hohen Turmes zu erklimmen. Viele Frösche versammelten sich, um zuzusehen, wie die Teilnehmer ihr Glück versuchten.

Der Wettkampf begann, obwohl die Menge es nicht für möglich hielt, dass überhaupt jemand die Spitze erreichen würde. Schon bald ermüdeten die Kletterer. Und die Zuschauer quakten im Chor: »Sinnlos, das schaffen die nie!«

Die Frösche verloren schnell den Mut, bis auf einen, der immer weiter nach oben kletterte – trotz der fortgesetzten Rufe des Publikums: »Lohnt sich gar nicht, ist doch viel zu hoch!«

Alle gaben sich geschlagen, mit Ausnahme des einen Frosches, der trotz aller Widrigkeiten weiterkletterte. Mit enormer Anstrengung erreichte er schließlich die Turmspitze.

Verblüfft wollten die anderen wissen, wie er das bewerkstelligt hatte. Sie gingen zu ihm und fragten, wie ihm eine derartige Leistung hatte glücken können – und so fanden sie es heraus: Er war taub!

Hören Sie sich Ratschläge an und urteilen Sie selbst, ob sie relevant sind. Seien Sie aber taub gegenüber denjenigen, die Ihnen von vornherein Misserfolg einreden wollen!

Y	E	S
O	U	I
C	A	N

!…

Wenn Sie es geschafft haben, die 9 Punkte mit **4 Linien** zu verbinden, …

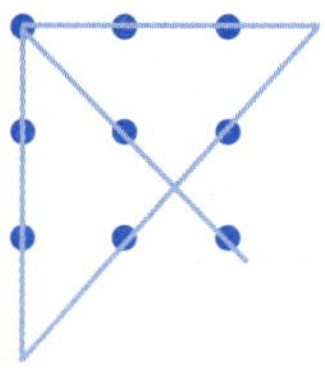

… dann gelingt es Ihnen ja vielleicht auch, sie mit denselben Einschränkungen wie bei der ersten Aufgabe mit **3 Linien** zu verbinden:

Vielleicht ist es unmöglich – wer weiß?

Viele Jahre habe ich diese Übung in meinen Seminaren gemacht. Häufig fragte mich jemand, ob es überhaupt eine Lösung gebe. Manchmal habe ich mit Ja geantwortet, was bewirkte, dass der oder die Betreffende weitersuchte. Manchmal, um zu provozieren, habe ich mit Nein geantwortet. Und was glauben Sie, geschah dann? Der Fragesteller war nicht mehr motiviert, es weiter zu versuchen.

Warum aber sollten Sie ausgerechnet mir diese Macht zuschreiben, beurteilen zu können, was möglich ist und was nicht?

Die, die etwas herausfinden, sind die, die nach einer Lösung suchen.

Wer sucht,

- ist davon überzeugt, dass es möglich ist, eine Lösung zu finden, oder aber
- weiß nicht, ob es möglich ist, sucht aber trotzdem.

Wer davon überzeugt ist, dass es keine Lösung gibt, versucht gar nicht erst, eine zu finden. Wenn ich aber bestätige: »Nein, das geht nicht!«, dann tue ich das vielleicht deswegen, weil ich nicht die nötige Bescheidenheit aufbringe, einfach zu sagen:

»Ich habe es nicht herausgefunden. Aber vielleicht gelingt es ja Ihnen?«

»Die Großen erscheinen uns nur groß,
weil wir auf den Knien liegen. Erheben wir uns!«

Motto der Zeitschrift
»Les Révolutions de Paris« (1789–94)

Zu den berühmtesten Erfindungen überhaupt gehört die Glühbirne. Das für den Glühfaden geeignete Material haben Thomas Edison und seine Mitarbeiter aber erst nach 6000 Versuchen gefunden.

Dem Erfinder werden folgende Worte zugeschrieben:

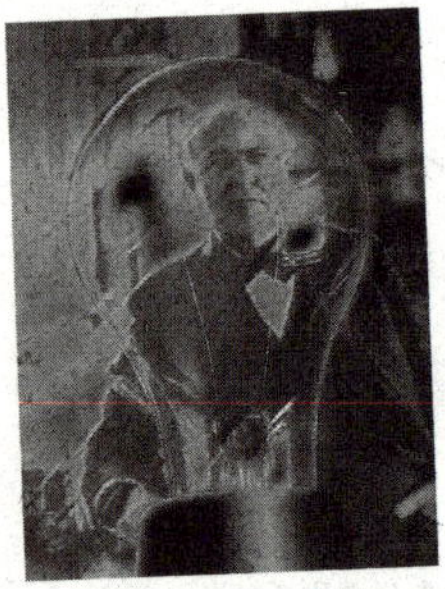

»Ich bin nicht gescheitert. Ich habe nur 10 000 Wege gefunden, die nicht funktionieren.«

Gescheitert?

Da es nun einmal so ist, dass wichtige Ergebnisse sich nicht auf Anhieb einstellen, warum rechnen wir dann nicht einfach von vornherein damit, dass wir wieder und wieder versuchen müssen, unser Ziel zu erreichen, bis wir es schließlich schaffen? Wie viele Versuche sind Sie bereit zu unternehmen für das, was wirklich zählt, was Ihnen wichtig ist?

Was muss ich versuchen, um meine Träume zu verwirklichen?

Traum	**Was muss ich konkret versuchen?**	**Wie oft bin ich bereit, es zu versuchen?**

Das scheinbar Unmögliche ist mit Überzeugungen verknüpft, die von vornherein ein erfolgreiches Gelingen nicht gelten lassen. Vielleicht hat Ihr Unterbewusstsein noch alte Erinnerungen aus dem Mathematikunterricht bewahrt? Damals wurde uns beigebracht, dass ein Punkt keine Fläche hat. Diese Definition gilt jedoch nur auf dem abstrakten Gebiet der Geometrie. Wenn wir dagegen – um konkreter zu werden – einen Punkt mit den Augen wahrnehmen, dann hat er eine Fläche, eine Form, eine Farbe. Eine schwarze Linie kann folglich unsere 9 schwarzen, runden Punkte an einer beliebigen Stelle in der Mitte oder am Rand kreuzen. Dadurch ist es möglich, Linien zu zeichnen, die schräg zur Achse der Punkte verlaufen.

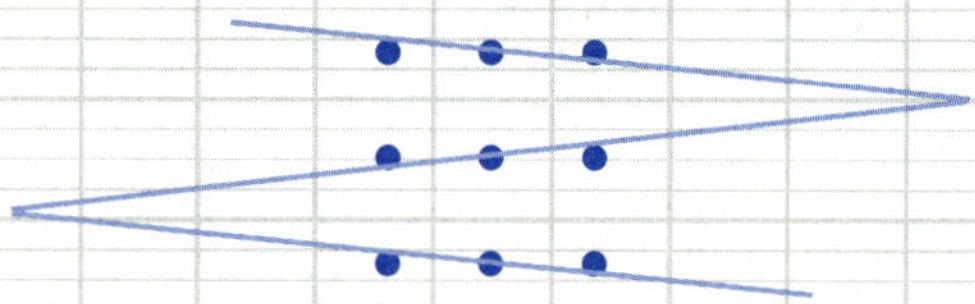

Ich habe nicht genug Widerspruchsgeist, um zu behaupten, alles sei möglich. Ich bin auch nicht radikal und manipulatorisch genug, um Ihnen das einreden zu wollen. Es ist jedoch meine feste Überzeugung, dass die Träume, die Ihnen wirklich wichtig sind, echte Anstrengung Ihrerseits verdienen, um sie zu verwirklichen. Und ich bin ebenfalls davon überzeugt, dass Sie Ihren Einsatz nicht bereuen werden, wenn Sie mit ganzem Herzen dabei sind.

Und jetzt 9 Punkte in einer einzigen Linie!
Na, ist das eine Herausforderung?!

Reue

Gibt es Dinge, die Sie bereuen? Das, was ich Ihnen nun vorschlage, ist nicht sehr angenehm.

Sind Sie bereit, in Ihrer Vergangenheit zu graben und die 10 wichtigsten Dinge ausfindig zu machen, die Sie bedauern? Lassen Sie die drei Spalten rechts zunächst außer Acht.

Was ich bereue:			

Beschämung, Buße, Besserung, Bedrücktheit, ...
Elend, Erschöpfung, Erbitterung, ...
Depression, Dulden, desolat, ...
Anteilnahme, Abbitte leisten, Ausflüchte, ...
Unsicherheit, Unglück, ...
Entschuldigung, Erbarmen, Ekel, ...
Reue, Reumütigkeit, Ränke, sich reinwaschen, ...
Nachdenklichkeit, Not, nachempfinden, ...

Tragen Sie in die zweite Spalte Ihrer Tabelle der Reue ein **G** ein, wenn das, was Sie bedauern, etwas ist, das Sie **getan** haben. In die dritte Spalte tragen Sie **NG** ein, wenn das, was Sie bereuen, etwas ist, das Sie **nicht getan** haben.

In der letzten Spalte geben Sie an, wie intensiv die Bitterkeit ist, die Sie jeweils in Bezug auf das empfinden, was Sie bedauern. Definieren Sie Ihre Leiter der Bitterkeit oder Verdrossenheit (zum Beispiel mit einer Skala von **0 bis 10**).

Das, was man getan hat, und das, was man nicht getan hat, bereut man nicht auf die gleiche Weise. Mehrere psychologische Studien zeigen, dass Reue, die man deswegen empfindet, weil man etwas unterlassen hat, auf Dauer als härter und bitterer empfunden wird.

Empfinden Sie wegen bestimmter Dinge, die Sie gewagt haben, bittere Reue?

Mut

Edith Piaf hatte kein leichtes Leben, aber sie hat es voll und ganz gelebt. Ich wünsche Ihnen, dass Sie glücklicher sein mögen, als sie war. »Non, rien de rien!« – Nein, nichts, gar nichts hat sie bereut!

Dieses kleine Übungsheft will Sie natürlich nicht dazu ermuntern, Raubbau mit sich zu betreiben und sozusagen die Kerze von beiden Seiten abzubrennen. Wie wir noch sehen werden, erfordert das Verwirklichen unserer Träume durchaus nicht, dass man alles opfert, sich die Finger verbrennt und alles auf eine Karte setzt. Mut schließt Vorsicht nicht aus. Aber dennoch ist ein gutes Quantum an Wagemut erforderlich, um wirklich sein eigenes Leben zu leben.

Können Sie diese Zeile vom Blatt singen?

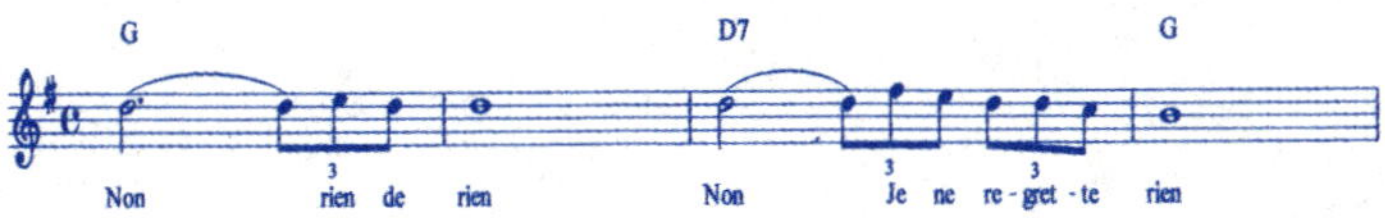

Haben Sie schon einmal davon geträumt, Musik zu machen? Falls ja, haben Sie dann Vorwände gefunden, es nicht zu lernen? Können Sie eine echte Begründung von einer Ausrede unterscheiden?

Sind Sie auch dort neugierig, wo man normalerweise gar nicht erst seine Nase hineinsteckt – in das verworrene Geflecht der Dinge, vor denen wir uns drücken?

Was ich gerne getan hätte, aber nicht getan habe	Gründe, warum ich es nicht getan habe	Ausrede oder echter Grund?

Falsche Gründe

Das Finden immer neuer Vorwände kann selbst die Geduld der einfühlsamsten Freunde erschöpfen. Um vor unserem Wohlbefinden zu fliehen, legen wir unter Umständen viel Kreativität und Unaufrichtigkeit an den Tag.

- Du machst wohl Witze, darin bin ich eine Niete!

- Woher willst du wissen, dass du eine Niete bist, wenn du es noch gar nicht versucht hast?

- Wenn ich begabt wäre, hätte sich das wohl schon bemerkbar gemacht.

- Wie soll man das wissen, wenn du es nicht versuchst?

- Es ist ohnehin zu spät.

- Ich kenne Leute, die Musik machen und viel später damit angefangen haben als du. Warum nicht auch du?

- Weil ich unmusikalisch bin.

- Woher weißt du das?

- Ich singe falsch.

- Wusstest du, dass es bei den meisten, die nicht die richtigen Töne treffen, an fehlender Stimmtechnik liegt, oder daran, dass sie den Mund nicht weit genug aufmachen oder falsch atmen?

- Da müsste ich Unterricht nehmen, aber das ist zu teuer.

- Kennst du denn die Preise der Musikschule?

- Nein, aber ich habe sowieso keine Zeit. Ich habe zu viel zu tun.

Zeit

Mangelnde Zeit gehört von jeher zu den häufigsten Ausreden. 24 Stunden pro Tag – was fangen wir mit diesem Kapital an? Nehmen Sie ein großes Einmachglas. Füllen Sie es mit großen Kieselsteinen, bis keine mehr hineinpassen. Ist das Glas Ihrer Ansicht nach voll?

Vielleicht haben Sie sich die kleinen Lücken zwischen den Kieseln noch nicht richtig bildlich vor Augen geführt. Diese Lücken können Sie mit kleinen Kieseln auffüllen. Mischen Sie das Ganze gut durch, und fügen Sie weitere kleine Kiesel hinzu, die die Lücken füllen, so lange, bis keiner mehr hineinpasst. Meinen Sie jetzt, das Glas sei voll?

Tatsache ist, man kann die leeren Stellen mit Sand füllen. Mischen Sie alles noch einmal und füllen Sie das Ganze wieder auf!
Ist das Glas nun endlich voll?
Okay, geben Sie jetzt noch Wasser hinzu. Wenn der Sand ganz durchtränkt ist und das Wasser überläuft – denken Sie dann, das Glas sei voll?

Nun, darauf kommt es in dieser metaphorischen Übung nicht an. Wichtig ist, dass Sie erkennen, was wichtig ist … Denn was wäre geschehen, wenn Sie nicht die größeren Steine zuerst eingefüllt hätten? Hätten dann alle in das Einmachglas gepasst? Bestimmt nicht.
In diesem Vergleich stehen die großen Kiesel für die Werte, die Ihrem Leben Sinn verleihen. Das Einmachglas ist – je nachdem, welche Zeitskala Sie anlegen – ein Tag, eine Woche, Ihr Leben … Die großen Steine repräsentieren das, was für Sie wichtig ist, die kleinen das nicht so Wichtige. Sand und Wasser sind belanglos.

Wie füllen Sie Ihr Leben? Wie groß sind Ihre Träume, und wie viel Zeit gestehen Sie ihnen zu? Zeit ist eine Ressource, ebenso wie Geld und Ihre Talente* … Was fangen Sie damit an?

* Wenn Sie herausfinden wollen, welche Talente Sie haben, lesen Sie *Das kleine Übungsheft – Verborgene Talente entdecken* von Xavier Cornette de Saint Cyr, Scorpio/Trinity 2012.

»Kitzle das Leben! Bring es dazu, dich zu lieben!
Deine unerfüllten Träume, die schon muffig riechen,
Warum sie unterdrücken? Vielleicht hast du viel durchgemacht,
Aber wenn das so weitergeht, du zu nichts mehr Lust hast,
Wenn du meinst, von allem Glück verlassen zu sein,
Dazu verurteilt, in der Tretmühle zu schuften,
Sage ich dir: Wenn du ›lebenslänglich hast‹ –
dann in deinem Kopf!«

Flucht vor uns selbst

Warum blicken wir im Leben ständig zurück? Warum sind wir nicht im Einklang mit dem, was für uns wesentlich ist? Warum wissen wir so wenig über unsere wahren Prioritäten?

Die Ursache dieser Flucht vor uns selbst liegt in den Konditionierungen, die uns blockieren. Sie sind das Ergebnis einer sehr frühen Programmierung. Schon bei kleinen Babys ist das programmierende Gehirn (das limbische System) funktionsfähig. Unser erzieherisches Umfeld füttert unseren Geist mit vereinfachten Vorstellungen von Gut und Böse, während gleichzeitig unser kritisches Denken heranreift (oder auch nicht!).

Mit der Zeit verfestigen sich Gedanken (Überzeugungen) und Verhaltensweisen (Gewohnheiten) in unserem Geist und Körper. Wenn wir nicht aufpassen, wird unser Leben von Automatismen bestimmt, die wir uns angeeignet haben, und nicht von bewussten, vernunftgesteuerten Entscheidungen.

Blockaden und Kompensationen

Blockierende Konditionierungen ziehen etwas äußerst Schädliches nach sich: die Mechanismen der Kompensation und der Überkompensation*. Obwohl sie recht komplex sind, ist ihre Entstehungsweise einfach und logisch.

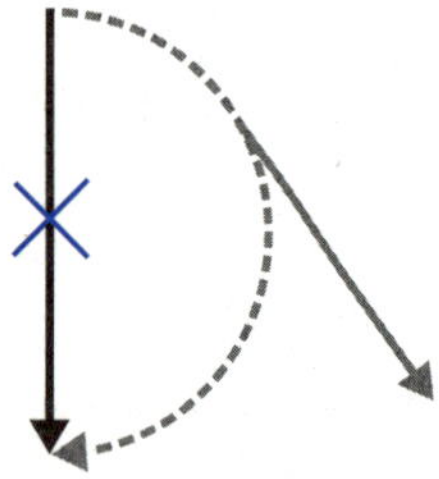

Wenn in der menschlichen Psyche ein Gedanke oder ein Verhalten frühzeitig blockiert wird, stellt sich das »automatische Gehirn« (das limbische System) darauf ein, das Verbotene zu umgehen, und versucht, auf andere Weise an die Vorteile zu gelangen, die man ohne die Blockierung hätte.

Das aufschlussreichste Beispiel ist vielleicht das der Selbstachtung: Wenn ich mich nicht selbst lieben kann, müssen die anderen das übernehmen. Ist die Kompensation »wirksam«, dann erhalte ich Liebe. Ohne eine gute Selbstbeobachtung ist dieser Kompensationsmechanismus uns selten bewusst. Und wenn man psychisch nicht gut vorbereitet ist, kann das Bewusstmachen der Kompensation Schuldgefühle hervorrufen.

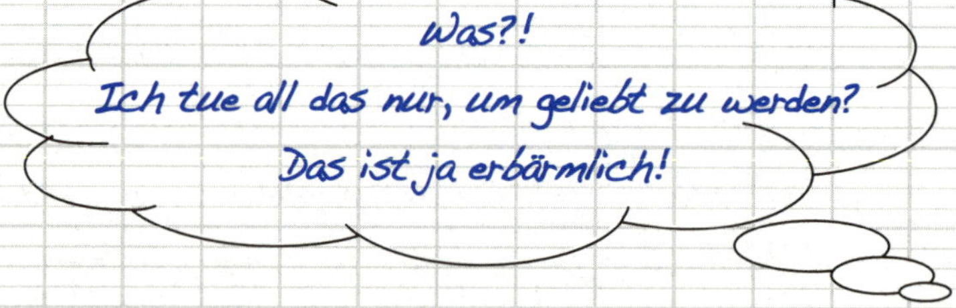

* Die Mechanismen der Kompensation werden im Buch von Jacques Fradin (s. Anm. auf S. 46) brillant erklärt.

Warum soll man nicht kompensieren?

Das Problem kompensierender Verhaltensweisen liegt darin, dass sie sehr instabil und die dahinterstehenden Erwartungen nur schwer zu befriedigen sind. Kaum ist eine kompensatorische Erwartung befriedigt, strebt man schon danach, die Erfahrung zu wiederholen, denn es ist »nie genug«.

Kompensation ist tendenziell obsessiv, zwanghaft. Ihre erste Ebene zeigt sich in eher sozialem Verhalten (wenn auch mit der Tendenz, andere zu vereinnahmen).

Ein Beispiel: Sie haben Hemmungen, Theater zu spielen, drängen aber Ihre Kinder in penetranter Weise dazu. Es handelt sich hier um eine Kompensation, die »stellvertretend«, über andere, erlangt wird.

Kompliziert wird es dann, wenn diese erste Ebene der Kompensation chronisch unbefriedigt bleibt (wiederholte Niederlagen), oder aber, paradoxerweise, wenn sie voll befriedigt wird (denn wenn es zu viel des Guten ist, weicht das Verlangen dem Überdruss, der Abscheu). In beiden Fällen kommt es zu einer sekundären Verdrängung, die bitter und leidvoll ist.

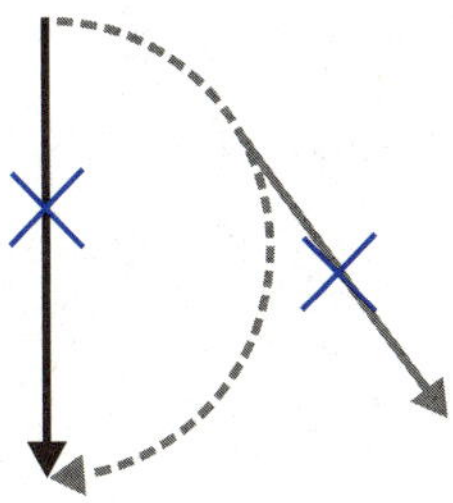

Im Gegensatz zu frühen Blockaden findet hier die Verdrängung später statt und folgt auf bewusste Erfahrungen vielfältiger Art, die frustrierend und schmerzlich waren. Ein solcher Nährboden begünstigt Niedergeschlagenheit oder Depressionen.

Süchte

Es gibt einen weiteren Grund, es mit der instabilen und täuschend bequemen Lösung der Kompensation nicht zu übertreiben: Die Tatsache, dass solche Verhaltensweisen sich »abnutzen«, erzeugt letztendlich eine zweite Ebene der Kompensation, die noch stärker durch Abhängigkeit geprägt ist. Sie ist konsumbezogen. Wenn die Kompensation über das Sozialleben nicht mehr möglich ist bzw. keine Befriedigung mehr bringt, dann muss man durch **Über**kompensation nach unmittelbarer Befriedigung suchen, die man entweder kauft oder mit der man dealt. Diese Drogen sind manchmal legal (Schokolade, Tabak, Alkohol, angsthemmende Medikamente, Antidepressiva, Glücksspiele und Spiele um Geld ...), manchmal illegal (Cannabis, Ecstasy*, Kokain, Heroin ...).

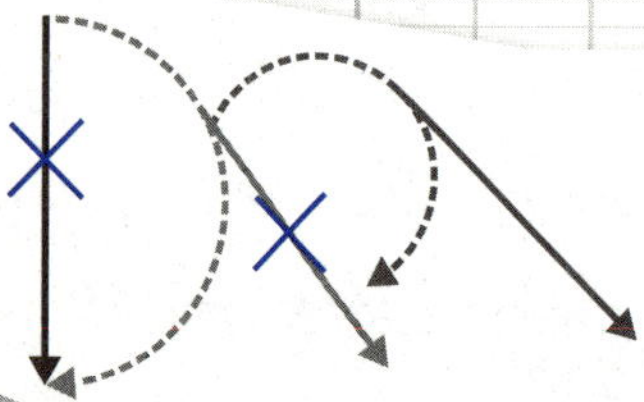

Schon die Kompensation ist naturgemäß unstillbar. Für die **Über**kompensation gilt das umso mehr.

Körperliche Abhängigkeit ist auf die Beschaffenheit der konsumierten Substanz zurückzuführen; sie ist **symptomatisch**. Psychische Abhängigkeit rührt von unbewussten Mechanismen zur Regulierung her (Blockade → Kompensation → Überkompensation); sie ist **ursächlich**.

* »XTC« für diejenigen, die sich auskennen

Bestimmt sind Sie kein Junkie – und deswegen überrascht von diesen Erläuterungen, die uns quasi als eine Schar Drogenabhängiger darstellen!

Nun, die erste Ebene der Kompensation erzeugt eine psychosoziale Abhängigkeit, die bereits ziemlich beeinträchtigend sein kann. Außerdem möchte ich daran erinnern, dass auf der zweiten Kompensationsebene (der Überkompensation) Dinge wie Übergewicht, Rauchen, Missbrauch von Alkohol und Psychopharmaka die meisten Menschen in reichen Ländern betreffen.

Was die Ärmsten angeht – oder diejenigen, die es allmählich oder schlagartig werden:

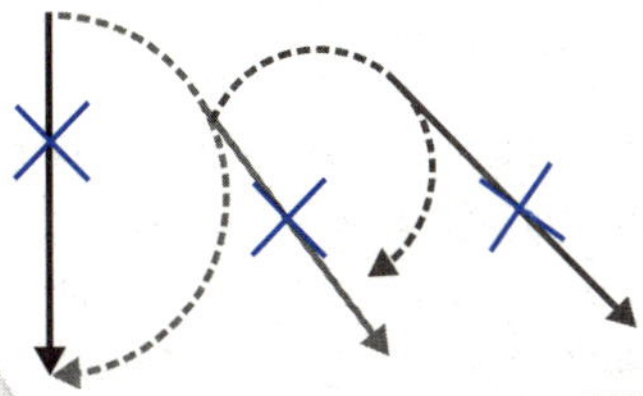

Die Verringerung der Kaufkraft kann eine dritte Ebene der Blockade hervorrufen, die Betroffene daran hindert, sich die Produkte der Überkompensation zu beschaffen.

Das Gefühl des Mangels in der Überkompensation ist aus zwei Gründen noch leidvoller:

- Es vereinigt psychisch drei aufeinander folgende Blockierungen, also drei Ebenen der Frustration.
- Es ist ebenfalls eine Folge der Abhängigkeit, was auf die chemische Zusammensetzung bestimmter konsumierter Produkte zurückzuführen ist.

Anders gesagt: Egal, ob Sie über die finanziellen Mittel verfügen, sich mit Alkohol zu betäuben, um darüber hinwegzukommen, dass Ihre große Liebe Sie verlassen hat – Ihnen stehen drei Wege offen, die, je nachdem, oberflächlicher oder tiefgehender sind:

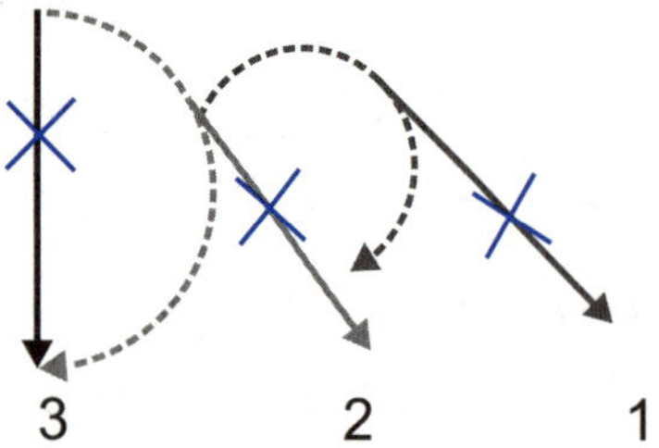

1. Der Händler, der Dealer, versorgt Sie mit Ihrer Dosis (er liefert die Substanz der Überkompensation).
2. Ein pragmatischer Freund oder eine Freundin erinnert Sie daran, dass die Zeit alle Wunden heilt. Er/sie geht abends mit Ihnen aus, damit Sie neue Bekanntschaften schließen können, in der Hoffnung, dass Sie jemanden treffen, der oder die Sie liebt (solche Freunde helfen Ihnen, effizienter zu kompensieren).
3. Ein Therapeut kann Sie dazu auffordern, sich selbst zu lieben.

Hinweis: In der sogenannten *Thérapie Neurocognitive et Comportementale** (»Neurokognitive Verhaltenstherapie«), kurz TNT, geht man zur Lösung von Suchtproblemen den umgekehrten Weg des Kreislaufs der Kompensation: Beginnend bei den Auswirkungen, kehrt man bis zu den Ursachen zurück. So gelangt man von der Sucht (Überkompensation durch Konsumieren) zur sekundären Blockade (soziale Kompensation) oder, noch besser, zur primären Blockade (ursprüngliches Verbot), die beide Kompensationen verursacht hat. Das Lösen der Blockaden auf der ersten Ebene der Verdrängung bewirkt, dass der Drang zu kompensieren auf beiden Ebenen gemindert wird oder sogar ganz verschwindet.

* Die *Thérapie Neurocognitive et Comportementale* (TNC), begründet von Jacques Fradin, wurde am *Institut de Médecine Environnementale* (s. http://en.wikipedia.org/wiki/institute_of_Environmental_Medicine) entwickelt.

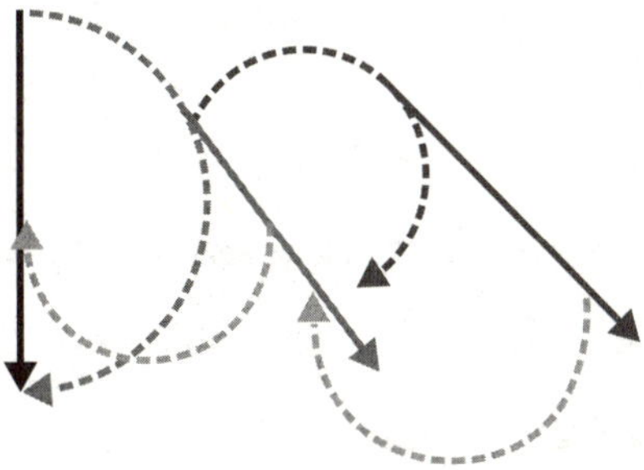

Unsere Träume werden durch konditionierte Blockaden verhindert. Die Händler unechter Träume machen sich unsere psychischen Abhängigkeiten zunutze, um uns eine ganze Palette von »Opiaten« zu verkaufen, die uns von uns selbst entfremden.
Die Allmacht der Gesellschaft des Überkonsums könnte zusammenbrechen, wenn jeder sich individuell von seinen kompensatorischen Wünschen und Regungen befreien würde – um endlich sein wahres Leben zu leben.

Können Sie erkennen, was Sie bei der Verwirklichung Ihrer Träume blockiert?

Traum	**Meine innere Blockade**

Was uns ausbremst

Der Wachtraum ist eine Reise, ein Voranschreiten. Welches Gefährt auch immer uns unserem Ziel entgegenbringt, es enthält die klassischen Befehle: Bremsen und Gaspedal.

Bestimmt ist Ihnen aufgefallen, dass »Bremsen« hier im Plural steht. Ist es Ihnen schon einmal passiert, dass Sie mit angezogener Handbremse richtig Gas gegeben haben? Genau das geschieht, wenn man zwar sehr motiviert ist, aber trotzdem nicht von der Stelle kommt.

Man muss also die Energie der Bewegung und die der Trägheit strategisch ins Gleichgewicht bringen.

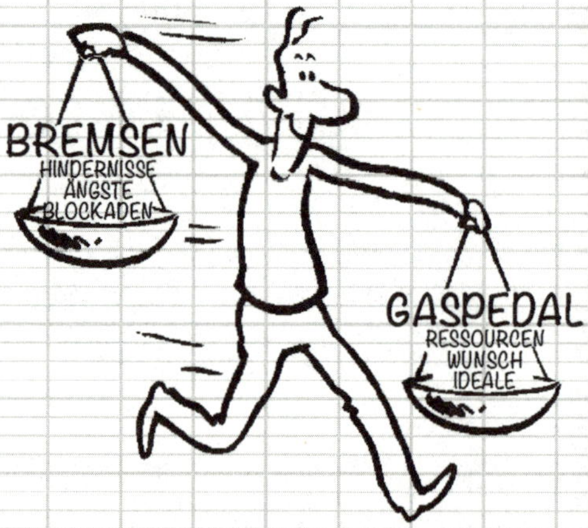

Um in den siebten Himmel hinaufzusteigen, genügt es nicht, Himmelsbenzin im Tank zu haben. Die Bremsen müssen gut eingestellt sein und dürfen nur auf Anforderung reagieren, damit man mit angemessener Geschwindigkeit vorankommt. Rasen ist nicht zwangsläufig die sinnvollste Haltung, um seine Träume zu leben. Sie brauchen nichts übers Knie zu brechen – es gibt sehr viel bessere Optionen.

Strategien

Es wird Zeit, etwas über Strategien zu sagen. Um hier den Träumer nicht als Karikatur darzustellen, sondern ihn vielmehr in den Adelsstand zu erheben, wollen wir sehen, wie man mit beiden Beinen fest auf dem Boden stehen und gleichzeitig den Kopf in den Wolken haben kann. Über dieses vertikale Gleichgewicht verfügen wir zwar bei der Geburt noch nicht; dennoch scheint mir, dass es für die Menschwerdung eine wesentliche Rolle spielt.

Als ich 25 Jahre alt war, erfüllte ich mir einen großartigen Traum. Ich kaufte in Kanada ein Fahrrad und fuhr damit bis nach Südamerika. Auf halber Strecke, als ich bei strahlendem Sonnenschein radelte, ließ ich zwei Bilder in mir aufsteigen, die dem Anschein nach im Gegensatz zueinander standen. Eines war sehr »luftig«, leicht, fast ätherisch. Das andere war »erdhaft«, schwer, imposant.

Einige Bilder, Worte, Notizen … Ich hielt an, holte meine Gitarre heraus und verfasste einen Song, der dieses heikle Streben nach vertikalem Gleichgewicht veranschaulicht:

»Meine Mutter, die Langsame, und mein Vater, der Flatternde,
Vor langer Zeit vereinigten sie die Elemente.
Himmel und Erde harmonierten, verschiedene Rhythmen – ja,
Doch nie aus dem Takt.
Diese skurrile Vereinigung, diese unvorhergesehene Liebe
Sollten ein unbekanntes Zwitterwesen hervorbringen♫

»Mama, sag mir, warum, Papa, sag mir, wieso
Braucht man denn ein Dach, das sich nie ändert,
Das stets am selben Ort bleibt? Wenn doch die Welt so groß ist und
Ich die Wahl habe, dann breche ich jetzt auf!
Häufiger, als man denkt, kann man sich seine Last aussuchen;
Also habe ich mir mein Haus auf den Rücken geladen.

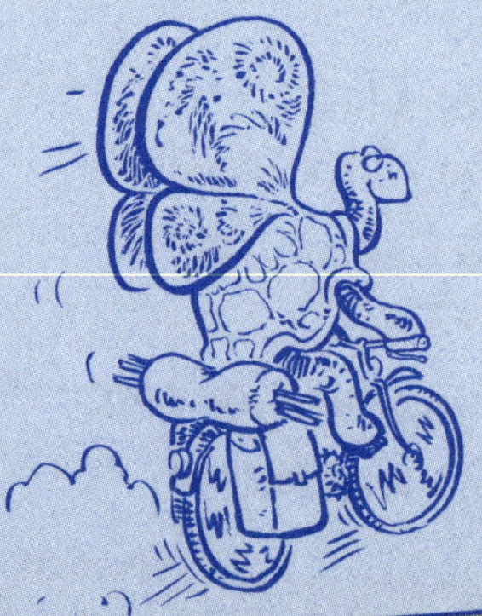

Ich bin das Kind eines
Papaschmetterlings und einer
Mamaschildkröte;
Ich bin eine
Schmetterlingsschildkröte.«♫

Eine Reise allein muss organisiert werden – es sei denn, Sie haben sehr viel Erfahrung. Desgleichen erfordert ein Traum eine Vorbereitung, die der Logik eines Projekts entspricht – es sei denn, Sie sind frei von allem, was Sie bremst, blockiert, ängstigt. So wie das sensible vertikale Gleichgewicht notwendig ist, um das fantastische Abenteuer des Menschseins voll und ganz zu erleben, so ist auch das horizontale Gleichgewicht (rechts/links) beim Einsatz unseres Gehirns zum Verwirklichen unser Träume unentbehrlich.

Intuition und erfinderisches Chaos sind unerlässlich, um etwas Neues zu erschaffen.
Struktur und Logik sind ebenfalls nützlich, um die einzelnen Schritte eines Projekts in eine sinnvolle Ordnung zu bringen.

Linke Gehirnhälfte	**Rechte Gehirnhälfte**
Analytisch	Analog
Logisch	Empirisch
Mathematisch	Intuitiv
Abfolge	Panorama
Vorrangig in Worten	Vorrangig in Bildern
Von den Details zum Globalen	Vom Globalen zu den Details
.../...	.../...

Ein gutes Projekt stützt sich auf ein klares Ziel, das motivierend und realistisch ist. Damit Sie sich nicht in der Vielfalt Ihrer Träume verlieren, wählen Sie einen Traum aus und verwandeln Sie ihn in **ein einziges Projekt**. Der Erfolg des einen Projekts wird Ihnen die nötige Energie (Zuversicht, Stärke ...) verleihen, auch ein zweites zu realisieren, dann ein drittes ...

Auch kleine Schritte führen zum Ziel!

Um Ihre Erfolgschancen zu erhöhen, sollten Sie sich für eine Politik der kleinen Schritte entscheiden. Und dafür müssen Sie vorab jeden Ihrer Träume in die Waagschale legen.

Wiegen Sie einen nach dem anderen ab!

Unsere Psyche spricht stark auf die Logik des Kosten-Nutzen-Verhältnisses an. Sparsam mit seinen Träumen umzugehen heißt nicht, wenig zu träumen oder überhaupt keinen Traum zu verwirklichen. Es bedeutet vielmehr, dass man gut mit seiner Lebensenergie haushält.

Beginnen Sie mit einem Traum, der (vergleichsweise) wenig kostet und (relativ) viel einbringt. Sie werden den Kuchen nicht essen und trotzdem behalten können. Ich möchte zwar das Konzept des Willens hier nicht schlechtmachen, meine aber dennoch, dass es kaum Träume gibt, die sich ohne Anstrengung verwirklichen lassen. Sie können den besten Kompromiss finden, um die Trägheit zu überwinden. Sie wissen: Häufig kommt es auf den ersten Schritt an. Entscheiden Sie also, welcher der erste Schritt sein soll – er darf allerdings nicht dazu führen, dass Sie sich hin- und hergerissen fühlen.

Lernen Sie, kleine Schritte wertzuschätzen. Ist Ihr Glas halb leer oder halb voll? Spielen Sie mit der Relativität! Hier sind drei volle und drei leere Gläser in vorgeschriebener Reihenfolge. Können Sie die Reihenfolge so verändern, dass sich immer ein volles und ein leeres Glas abwechseln, indem Sie nur ein Glas berühren?

Als Beispiel hier drei Träume von Florian

Traum – genaues Ziel	**Motivation (Motor)**	**Widerstand (Bremsen)**	**Reihenfolge entsprechend der Priorität**
Bezirksmeister im Hochsprung werden	**8/10** Ich bin supermotiviert.	**3/10** Letztes Jahr bin ich Elfter geworden. Wenn ich häufiger trainiere, scheint es mir machbar.	**2** 
Im Segelboot den Atlantik überqueren	**9/10** Das ist der Traum, der mich am tiefsten berührt.	**8/10** Ich bin quasi gelähmt vor Angst.	**3** 
Mir eine Werkstatt im Keller einrichten	**6/10** Ich werkele gern herum, bin dafür aber nicht gut gerüstet.	**8/10** Schon lange sage ich mir immer wieder, jetzt mache ich es, das geht mir auf den Keks! Ich habe das Gefühl, ich bin bereit.	**1** 

Mit der Atlantiküberquerung zu beginnen scheint mir keine gute Entscheidung zu sein. In Anbetracht der starken Widerstände besteht für Florian die Gefahr, dass er den Mut verliert und den Wunsch, intensiver zu leben, in sich verschließt. Ich habe ihm vorgeschlagen, mit der Werkstatt anzufangen und anschließend vielleicht mit seinem sportlichen Ziel fortzufahren. Die Freude über den Erfolg wird ihm den nötigen Schwung geben, um später seinen dritten Traum in die Tat umzusetzen.

Und nun sind Sie dran!

Füllen Sie das fünfte Glas, indem Sie den Inhalt aus dem zweiten Glas hineingießen (siehe S. 53), aber schreiben Sie erst etwas in die vierte Spalte der unten abgebildeten Tabelle, wenn Sie die drei anderen Spalten für jeden Ihrer Träume ausgefüllt haben. Denn wie wollen Sie Klarheit darüber gewinnen und festlegen, welcher Traum Priorität hat, wenn Sie keinen Gesamtüberblick haben? Einer guten Wahl müssen fundierte Kenntnis und Reflexion vorausgehen.

Traum – genaues Ziel	Motivation (Motor)	Widerstand (Bremsen)	Reihenfolge entsprechend der Priorität

Tja, so ist es nun einmal: Das Wichtigste ist **anzufangen**!

Um eine Strecke von 6 Metern zurückzulegen, lässt sich eine Schildkröte Zeit und macht

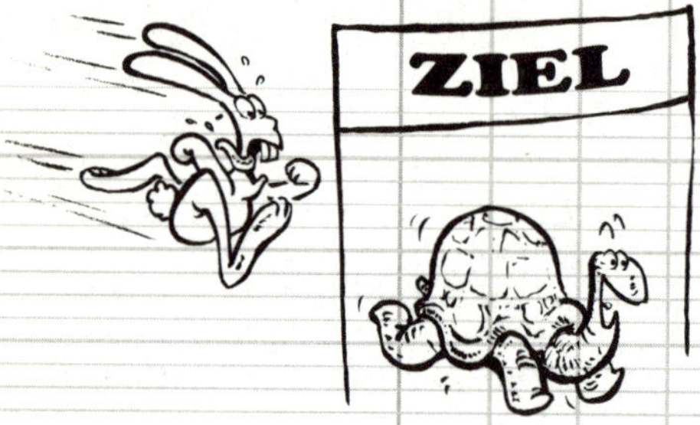

einen ersten Schritt, der ihre Ressourcen (Anatomie, Alter, Kondition ...) berücksichtigt. Treffen Sie die Entscheidung über Ihren ersten Schritt also ganz bewusst. Das Schwierigste ist, die Trägheit zu überwinden. Indem Sie beim ersten Schritt das richtige Maß finden, verringern Sie diese Schwierigkeit und geben sich selbst die beste Chance, den zweiten Schritt zu wagen und dann erfolgreich zu sein. Bevor Sie aber diesen scheinbar bescheidenen und doch so bedeutsamen ersten Schritt tun, wollen wir die einzelnen Etappen eines Vorhabens noch einmal in einen größeren Zusammenhang einordnen.

1. Einen Traum auswählen – (zunächst) einen einzigen. Dadurch wird **die Richtung vorgegeben.**
2. Auf der positiven Seite mehr Gewicht in die Waagschale werfen, indem Sie diesen Traum mit Werten verknüpfen. Das **verleiht Energie.**
3. Das Gewicht auf der negativen Seite der Waage verringern, indem Sie den damit einhergehenden Ängsten offen ins Gesicht blicken. Anschließend Pro und Kontra unter Gesichtspunkten der Vernunft genau abwägen. Das **verleiht Leichtigkeit.**
Aus der Kombination der Punkte 2 und 3 **entsteht Begeisterung.**
4. Den Parcours vorzeichnen und die einzelnen Etappen definieren, die zu verwirklichen sind.

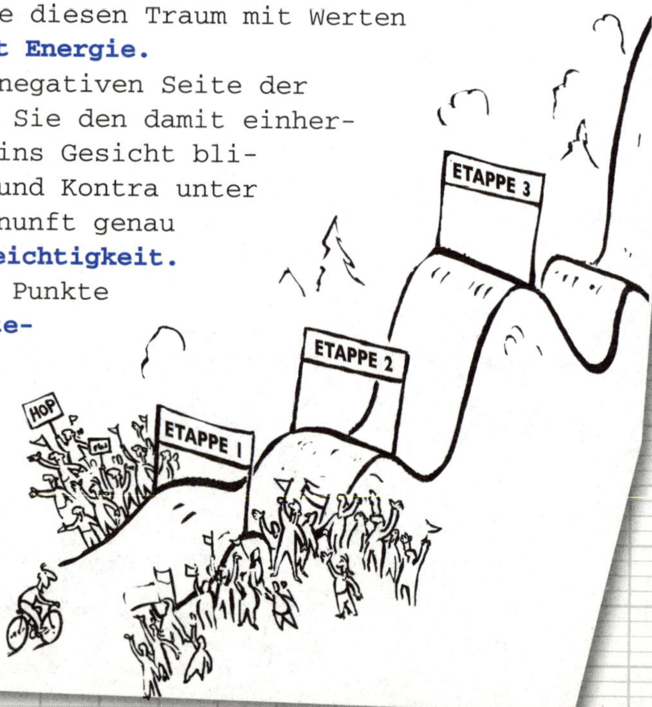

5. Schließlich die formelle Entscheidung. Es ist eine **persönliche Verpflichtung**, zu der Sie sich feierlich bekennen können, zum Beispiel vor dem Spiegel.

Aus Liebe zu mir selbst verpflichte ich mich, alles daranzusetzen, um diesen ersten Traum zu verwirklichen, der darin besteht, …

____

Ort/Datum: ____________________

Unterschrift: ____________________

6. Die erste Etappe planen. **Dadurch ergibt sich ein Zwischenziel.**
7. Alle erforderlichen Ressourcen (persönliche Energie, Verbündete, Zeit, Geld, Material, Fähigkeiten …) einsetzen, um die erste Zwischenstufe zu erreichen. **Dadurch entstehen Hilfsmittel.**
8. Die Entscheidung ist ein Gedanke, eine wörtliche Aussage und eine schriftliche Aussage, die verpflichtend sind. Sie ist ein Auslöser, der **grünes Licht zum Handeln gibt.**
9. Das konkrete Handeln ergibt sich letztendlich im Anschluss an das theoretische Heranreifen des Projekts. **Das verleiht Mut und Vertrauen.**
10. Jedes gute Projekt sollte Phasen der Auswertung beinhalten. Wir mögen der Realität zwar manchmal entkommen, doch sie holt uns unweigerlich immer wieder ein. Hin und wieder muss man daher Bilanz ziehen und Dinge anpassen und zurechtrücken, denn die Erfahrung liefert uns wertvolle Elemente dafür. Auf diese Weise **ergeben sich Realismus und Effizienz.**

Anschließend wird die sinnvolle Umsetzung des Ganzen dadurch gewährleistet, dass Handeln und Auswertung sich abwechseln.

Aber vielleicht meinen Sie, dieser methodische, strenge Ansatz sei ja gar nicht romantisch und spontan? Man könnte auch sagen: nicht verrückt genug. Falls Sie so denken, bin ich einer Meinung mit Ihnen. Diejenigen, die ihre Träume mühelos leben, brauchen dieses kleine Übungsheft gewiss nicht. Und was die Anhänger der schwärmerischen, aber unrealistischen Einbildungskraft betrifft: Denen lasse ich ihre Träume, die sich nur in ihrem Kopf abspielen, ihr Dasein insgesamt aber nicht verändern. Ihre entschlussslose Fantasterei bringt mich nicht zum Träumen.

Setzen Sie den Stift an einer beliebigen Stelle auf der Seite an. Verbinden Sie, ohne den Stift vom Blatt abzuheben, die 9 Punkte mit nur einer einzigen geraden Linie.

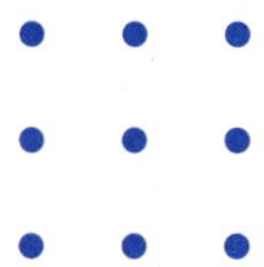

Eine einzige gerade Linie!

Ja, Sie haben ganz richtig gelesen.

Lassen Sie sich nicht von Leuten manipulieren, die Ihnen alle Möglichkeiten von vornherein madig machen wollen. Natürlich gibt es Dinge, deren Umsetzung schwierig ist. Legen Sie die Messlatte nur so hoch, wie Sie wollen, wie Sie können.

Es gibt ein Vergnügen, das überaus intensiv ist und unbeschwert mit dem Glück flirtet – nämlich das, eine Zeile auf einer Liste, der Liste Ihrer Träume, durchzustreichen.

Sie haben Ihr ganzes Leben, um jeden Punkt auf Ihrer Liste durchzustreichen.

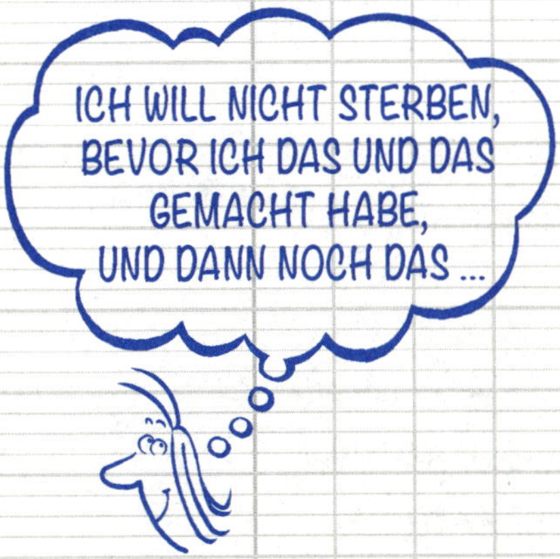

Hinter der Angst vor dem Tod verbirgt sich oft eine Angst vor dem Leben. Der Tod verliert das Furchteinflößende, wenn man sich daran macht, wirklich zu leben.

Warum dazu nicht die Hilfsmittel einsetzen, die man bei der Hand hat? Es gibt unzählige Ressourcen. Wenn Ihr Ziel das richtige ist, suchen Sie, und Sie werden die angemessenen Mittel finden!

»Kitzle das Leben!
Es mag sanfte Berührungen.
Lege ihm ohne Vorwarnung die Hand an den Hintern
Mit deiner ganzen Zärtlichkeit.
Gib dir noch eine Chance!
Brauchst du etwa einen Elektroschock?
Wenn du in den Startblöcken feststeckst
Und keinen Ausweg mehr siehst,
Dann zieh einfach deine Schuhe aus und lauf barfuß weiter!«♫

Was ist Ihnen als wichtig im Gedächtnis geblieben?

Welche Entscheidung treffen Sie?

Aus Liebe zu mir selbst und zu meinen
zukünftigen Lesern verpflichte ich mich,
alles zu tun, um dieses kleine Übungsheft
»Lebensträume verwirklichen« zu schreiben.
Möge es ihnen helfen,
ein traumhaftes Leben zu führen!

Saint-Julien-en-Genevois,
4. Dezember 2010
Hervé Magnin

Lösungen

Seite 4 (Chanson)

»Wer ihn hat, den großen Traum vom **F**liegen,
Und Unbekanntes will, der kann den Spott **BE**siegen.
Was die Welt nicht kennt, das muss man neu **ER**finden,
Das Unsichtbare sehen, Blindheit **ÜBER**winden.«

«S'envoler dans les airs, ça faisait bien rêver
On s'est longtemps moqué de ceux qui croient possible
Ce que la foule ignore, il y a urgence à innover
Mais la majorité se croit aveugle à l'invisible.»

Seite 5 (Yannick Noah, »La Voix des Sages«)

»Wenn ich den Glauben an meine **TR**äume verliere
Oder die Träume anderer **LE**be,
Wenn ich, seltener, die Faust **ERHE**be,
Dass ich nicht mehr zu euch **GE**höre …«

«Quand je ne crois plus à mes rêves
Ou que je vis ceux des autres
Quand moins souvent mon poing se lève
Que je ne suis plus des vôtres.»

Seite 9 (durcheinandergewürfeltes Zitat von Pennac)

»Wenn Sie wirklich träumen wollen, wachen Sie auf!«

S. 10 »Rêves de Gosse« (Originaltext)

«Nous dormons tous négligemment sur une mine d'or
Ne cherchons pas ailleurs, fouillons à l'intérieur!
Rien en surface, il faut creuser; chasse au trésor
Aventuriers de soi, apprivoisons nos peurs!
Unir mon imagination à celle des autres
Mais que dire d'une résignation tellement précoce?
N'étouffez pas les nôtres et libérez les vôtres!
Petits et grands, gardons vivants nos rêves de gosse!
Petits et grands, gardons vivants nos rêves d'enfant!»

Seite 11 (Begriffe aus »Rêves de Gosse«)

1	V	O	R	S	T	E	L	L	U	N	G
2	K	I	N	D	E	R	T	R	A	U	M
3	A	B	E	N	T	E	U	R	E	R	
4	A	C	H	T	L	O	S				
5	S	C	H	L	U	M	M	E	R	N	
6	R	E	S	I	G	N	I	E	R	E	N
7	B	E	F	R	E	I	T				

Das gesuchte Wort ist:

V	E	R	T	R	A	U	E	N

Seite 20

1F, 2E, 3B, 4A, 5C, 6D

Seite 26

			A				O	E
	A			I	O			
I	O			Y	C	U	A	
N		A	Y	E	S		C	
E	C		O	U	I		N	Y
	I		C	A	N	E		S
	Y	U	N	O			I	A
			I	C			S	
C	N				A			

S. 25 »I have a dream« (Original-Songtext)

«Comment mettre fin à l'oppression,
Discriminer la discrimination ?
Certains sont soumis, d'autres se sont levés
L'un d'entre eux a dit ‹Cette nuit j'ai rêvé
Je fais un rêve, j'adresse un voeu légitime
À qui veut l'entendre : I have a dream.›»

S. 49 »Le papillon-tortue«

«Il y a bien longtemps, ma maman, lentement
Mon papa, voletant, unissaient les éléments
Terre et ciel harmonisant, des rythmes différents
Oui mais jamais à contretemps
Cette union farfelue, cet amour imprévu
Allaient donner un hybride inconnu.»

Die Chansons von Hervé Magnin, die in diesem »kleinen Übungsheft« zitiert werden, stammen aus dem Album *Silence, on tourne!* (2009) und aus *La Part du Colibri* (2012).
S. 4: »Rêves de gosse« (2009); S. 10: »Rêves de gosse« (2009); S. 25: »I have a dream« (2011); S. 27: »I have a dream« (2011); S. 41: »Titille la vie« (2001); S. 49: »Le papillon-tortue« (1989); S. 60: »Titille la vie« (2001).

DAS KLEINE ÜBUNGSHEFT

Willkommen in der Bibliothek der guten Gefühle

Entdecken Sie viele weitere Themen aus der charmanten Bestseller-Reihe.

Abonnieren Sie unseren Newsletter und erhalten Sie die aktuellsten Informationen aus den Bereichen Lebenskunst, persönliche Entwicklung, Erfolg und Sexualität.

Einmal pro Woche stellen wir Ihnen eines der **kleinen Übungshefte** mit einer Übung der Woche genauer vor.

Alle Hefte können Sie - innerhalb Deutschlands versandkostenfrei - direkt auf der Website bestellen.

www.die-kleinen-uebungshefte.de

TRINITY